BEI GRIN MACHT SICH IHR WISSEN BEZAHLT

Eine Entwicklung des Museumsraums von der Moderne zur Postmoderne. Eine vergleichende Analyse der neuen Nationalgalerie in Berlin und dem Museum Abteiberg in Mönchengladbach

Bibliografische Information der Deutschen Nationalbibliothek:

Die Deutsche Nationalbibliothek verzeichnet diese Publikation in der Deutschen Nationalbibliografie; detaillierte bibliografische Daten sind im Internet über http://dnb.d-nb.de abrufbar.

ISBN: 9783346343314
Dieses Buch ist auch als E-Book erhältlich.

© GRIN Publishing GmbH
Nymphenburger Straße 86
80636 München

Druck und Bindung: Books on Demand GmbH, Norderstedt Germany
Gedruckt auf säurefreiem Papier aus verantwortungsvollen Quellen

Das vorliegende Werk wurde sorgfältig erarbeitet. Dennoch übernehmen Autoren und Verlag für die Richtigkeit von Angaben, Hinweisen, Links und Ratschlägen sowie eventuelle Druckfehler keine Haftung.

Das Buch bei GRIN: https://www.grin.com/document/985275

Kunsthochschule Kassel

Kunstwissenschaft

Hausarbeit im Seminar:

Fantasie und leere Räume

Architekturstile und deren Museen nach der Moderne

WiSe 2019/20

Eine Entwicklung des Museumsraums von der Moderne zur Postmoderne

- Eine vergleichende Analyse der neuen Nationalgalerie in Berlin und dem Museum Abteiberg in Mönchengladbach

Französisch und Kunst auf L3

Abgabe: 30.06.2020

Inhalt

1 Einleitung

Sammlungsort, Bürger-Forum oder Erlebnisort? Die Museumsarchitektur bzw. das Museum als Institution sind in Bezug auf ihre Aufgabenstellung, ihr Selbstverständnis – zwischen Kunst und Funktionalität – sowie ihre Stile weltweit sehr pluralistisch geworden.[1] Mit anderen Worten stellt der Museumsbau damit die interessanteste und aufregendste Erscheinungsform der modernen Architektur dar, die bis heute eine Vielzahl an innovativen Lösungen für die Präsentation wertvoller Objekte entwickelt und umgesetzt hat.[2] So wurde gerade das Spektrum der zeitgenössischen Architektur besonders in den achtziger und neunziger Jahren durch Museumsbauten und ihren ausgelösten Museums-Bauboom geprägt.[3] Zu diesem Zeitpunkt entstand ein neues öffentliches Interesse an neuen Erscheinungsformen durch die Erfahrungen mit der abstrakt-funktionalen Architektur. Eine neue charakteristische Formensprache brachte die unterschiedlichste Auffassung über die zu dieser Zeit präsenten Architekturstile der Moderne und Postmoderne auch in der Museumsarchitektur zum Ausdruck.[4]

Neben den spektakulärsten äußerlichen Erscheinungsformen der Museen wurden ebenfalls Vergleichsparameter wie Raumanordnung, Erschließung, Wegeführung und Belichtung für die Untersuchung einer erfolgreichen und angemessenen Architektur in der Literatur beleuchtet. Die innerliche Kategorie des Raumes und der Raumanordnung sticht in Hinsicht auf die Intensität der Vermittlung von Kunst und Kultur für den/die BetrachterIn besonders hervor. Die leibliche Raumerfahrung stellt hierbei einen wesentlichen Aspekt in der musealen Kommunikation dar. So ist der Museums- bzw. die Ausstellungsräume im Allgemeinen komplexer geworden. Die Raumorganisation wurde dabei in Adaption an die typologische Außengestaltung abgestimmt, um sinnvoll und strukturiert genutzt werden zu können.[5] Die Literatur betont hierbei einen stärkeren Fokus auf erlebnisorientierte Räume und Raumanordnungen anstatt auf die präsentierten Objekte.[6] Inwiefern dies nun den Kunstgenuss vom Objekt zur Architektur verschiebt bzw. diesen durch einen gewissen

---

[1] Vgl. Parmentier 2007, S.67; vgl. Naredi-Rainer/ Hilger (Hg.) 2004, S.26.
[2] Vgl. Barthelmeß 1988, S.3.
[3] Vgl. Flagge/ Schneider/ Klotz (Hg) 2004, S.122.
[4] Vgl. Barthelmeß 1988, S.3.
[5] Vgl. Parmentier 2007, S.66.
[6] Vgl. Barthelmeß 1988, S15.

1

Selbstanspruch vom eigentlichen Ausstellungsobjekt ablenkt, ist hierbei ein mehrfach diskutierter Streitpunkt.[7]

In diesem Zusammenhang stellt sich die grundlegende Frage wie sich das Raumerlebnis von der modernen zur postmodernen Museumsarchitektur verändert hat? Das Ziel dieser Arbeit ist es in der Kategorie „Raum und Raumanordnung" eine Entwicklung zu beschreiben und die veränderten Auswirkungen auf den/die BetrachterIn zu diskutieren. Als Raum wird hier von dem Ausstellungsraum ausgegangen, der die höchste Relevanz für die Präsentation der Kunstobjekte besitzt. Bei der Raumanordnung geht es um das Zusammenspiel aller Ausstellungsräume, ihrer Anordnung im Museum selbst und ihrer Vielschichtigkeit. Um die Veränderungen im Ausstellungsraum und der Raumanordnung beschreiben und interpretieren zu können, wird auf methodischer Ebene ein Vergleich zwischen jeweils einem Museum des jeweiligen Stils gezogen, die als Beispiele und Repräsentanten gesehen werden müssen. Es sollte betont werden, dass der Vergleich moderner und postmoderner Museumsräume sich hier auf die zwei ausgewählten, exemplarischen Bauten beschränkt, da weitere Ergänzungen den Rahmen dieser Hausarbeit sprengen würden. Damit hat die vorliegende Arbeit nicht den Anspruch einer allgemeingültigen Aussage.

Als Beispiel für ein Museum der Moderne wurde die Neue Nationalgalerie in Berlin von Ludwig Mies van der Rohe ausgewählt, da Mies van der Rohe, als Ikone der Klassischen Moderne, dort seinen entwickelten Gedanken eines Universalraums realisierte.

Das Museum in Mönchengladbach von Hans Hollein hingegen wird in der Literatur als eines der wegweisenden Beispiele an der Schwelle von der modernen zur postmodernen Museumsarchitektur beschrieben. Dies wurde zum neuen Kulturzentrum und zum Anziehungspunkt der Stadt aufgrund einer Architektur, die zwischen der eigentlichen musealen Funktion und der eigenen künstlerischen Erscheinung, sowohl äußerlich als auch innerlich, pendelt.[8]

Im Folgenden sollen die Architekturrichtungen der Moderne und Postmoderne, ihre Merkmale und die obigen ausgewählten Museumsobjekte hinsichtlich ihrer

---

[7] Vgl. Parmentier 2007, S.77.; vgl. Pehnt 1993:73.
[8] Vgl. Flagge/Schneider/ Klotz (Hg.) 2004, S.122.; vgl. Pehnt 1993, S.82.

Ausstellungsraumgestaltung beschrieben werden. Darauf aufbauend werden die beschriebenen Raumsituationen zusammengeführt und bezüglich ihrer Entwicklung analysiert und interpretiert. Danach folgt ein Fazit, das den Bogen zur Ausgangsfrage schlägt. Den Schluss bilden das Literaturverzeichnis, sowie die Bildnachweise.

2 Die Moderne Museumsarchitektur

Der Begriff der Moderne bezeichnet in der Architekturgeschichte eine nicht klar abgegrenzte Architekturepoche von ca. 1910-1960, die in eine international verwendete Formensprache mündete.[9] Sie schließt verschiedene Strömungen ein, die oft nicht eindeutig voneinander abzugrenzen sind: „Expressionismus, Neue Sachlichkeit, Internationaler Stil, Neues Bauen, Funktionalismus und später auch den Brutalismus"[10]. Die Moderne versucht mit ihren ästhetischen Prinzipien einen Historismus zu vermeiden, der in den Neo-Stilen stärker hervortritt.[11]

2.1 Merkmale der Modernen (Museums-)Architektur

Die Moderne dominierte besonders nach dem Zweiten Weltkrieg die Welt der Architektur und bezeichnete einen international gewordenen Stil der Funktionalität. Hier waren die Leitsätze *Form follows function* (Louis Sullivan) und *Less is more* (Ludwig Mies van der Rohe), die für die Zeit der Industrialisierung des Baugewerbes und der Vorstellung von einem Kapitalismus als Ökonomie der Knappheit angemessen waren.[12] Demnach kann – im Vergleich zur Postmoderne – der Moderne die „Ersetzung der Tradition durch neue ‚Versprechen', die einen geänderten, aber erneut gefestigten Wertekatalog oder Bezugsrahmen vorgeben"[13] als charakteristisches Merkmal angerechnet werden.

In der praktischen Umsetzung war dieser Architekturstil von vielen Architekten aufgrund seiner strikt zu befolgenden Regeln geschätzt worden. Nachdem die Funktion bzw. die Nutzungsanforderungen des Bauwerks bestimmt worden war, konnte der Bau, also die Form, dementsprechend logisch aus der Funktion heraus konzipiert werden. Dies äußerte sich häufig durch die Sichtbarkeit des Bauskeletts

---

[9] Vgl. Pehnt 1993, S.59.
[10] Baukunst-nrw 2020, www.baukunst-nrw.de/epoche/Moderne.htm
[11] Vgl. ebenda.
[12] Vgl. Böhme 2013, S.7.
[13] Baukunst-nrw 2020, www.baukunst-nrw.de/epoche/Moderne.htm.

eines Gebäudes, sowie der Versorgungsleitungen, und einer schlichten Ausgestaltung. Das Resultat dieses funktionalistischen Gestaltungsprinzips waren schlichte, puristische Bauten, die aus der technischen und damals neuen Grundlage an Baumaterialien wie Glas, Stahl und Beton, entstanden.[14] Der Funktion entsprechend entstanden besonders im Internationalen Stil asymmetrische Bauten. Dennoch waren Architekten wie Le Corbusier und Mies van der Rohe darauf bedacht ihren Gebäuden eine ästhetische, d.h. ausgewogene und gut durchdachte, Form zu geben und ihnen dadurch eine „rationale Eleganz"[15] verliehen wurde.

Der architektonische Einfluss der klassischen Moderne auf den Ausstellungs- und Museumsbau, zeigt sich besonders durch den Gedanken eines fließenden oder gar universalen Raumes. Dieser wurde versucht durch weitere Unterteilungen den jeweiligen Anforderungen nutzbar gemacht zu werden. Mit dem Bau des Barcelona-Pavillon (1929), der von Ludwig Mies van der Rohe konzipiert wurde, und dem Museumsprojekt für eine kleine Stadt (1942) wurde diese Idee erstmals realisiert. Mies van der Rohe zeigt damit, dass ein „Minimum an Gliederung zugleich ein Maximum an räumlicher Wirkung hervorrufen würde"[16]. Auch das spiralförmige Musée à la croissance illimitée von Le Corbusier griff die Kriterien der Flexibilität und Erweiterbarkeit auf. Eine räumliche Kontinuität wurde einer kulturellen Kontinuität gleichgestellt. [17]So betont auch Pehnt an dieser Stelle, dass solche universellen Räume eher der Kunst im Allgemeinen gewidmet waren, anstatt dem jeweiligen besonderen Kunstwerk, wodurch dieses austauchbar blieb.[18]

Ludwig Mies van der Rohe gilt als einer der namhaftesten deutschen Architekten des 20. Jahrhunderts und Wegbereiter der Modernen Architektur. Er findet in der Literatur der Modernen Architektur besonders durch seinen Baustil im Sinne einer räumlichen Freiheit, architektonischen Ordnung/Struktur und Transparenz mehrfach Beachtung. Eines seiner berühmtesten Bauten vor dem Hintergrund eines als „offen" zu klassifizierenden Raumes ist die neue Nationalgalerie in Berlin.[19]

---

[14] Vgl.Wilkinson 2010, S.180.
[15] Wilkinson 2010, S126.
[16] Vgl. Pehnt 1993, S.74.
[17] Vgl. Barthelmeß 1988, S.19.
[18] Vgl. Ebenda.
[19] Vgl. Naredi-Rainer/ Hilger (Hg.) 2004, S.173.

2.2 Die Moderne Museumsarchitektur am Beispiel der neuen Nationalgalerie in Berlin von Ludwig Mies van der Rohe

Die neue Nationalgalerie in Berlin wurde von der Stiftung Preußischer Kulturbesitz an Ludwig Mies van der Rohe in Auftrage geben. Das Museum wurde im Zeitraum von 1965 bis 1968 mit einer Fläche von rund 79.500 m³ gebaut. Für das Berliner Bauprojekt galten nur wenige Vorgeben, sodass Mies van der Rohe darin eine weniger individuelle Einzellösung zu finden versuchte als vielmehr einen allgemeinen Bautypen, der eine „höhere Einheit von Natur, Mensch und Architektur"[20] verkörperte (siehe Abb.1). Dabei griff er auf ältere, nicht realisierte Bauvorhaben zurück, die besonders den Universalraum thematisierten.[21]

Mies van der Rohe schuf eine moderne Version eines klassischen Tempels aus Stahl und Glas. Analog zu seinen antiken Vorbildern, steht der Bau frei und leicht erhöht auf einem granitverkleideten Plateau (siehe Abb.1). Das Hauptgeschoss ist eine quadratische, allseitig verglaste Halle mit einem völlig offenen Raum (siehe Abb.2). Dieser wird lediglich durch „zwei mit grünem Marmor verkleidete Installationsschächte und zwei Garderoben neben den ins Untergeschoß führenden Treppen symmetrisch" gegliedert (Abb.3).[22] Im Sockelgeschoss liegen die eigentlichen Museumsräume, die sich nur einseitig zum ebenfalls tiefergelegenen, schmalen und nicht überdachten Skulpturenhof hin öffnen (Abb.4). Die Ausstellungswände sind weiß und die Räume teilweise durch Stützpfeiler durchzogen (Abb.5 und Abb.6). Die Galerie ist durch ihre statische Symmetrie geprägt, die im Zuge dessen eine gewisse vollkommene Ausgewogenheit darstellt und daher als ein „klassisches" Museumsmodell verstanden werden kann, sowie an die Tradition der Glaspaläste erinnert.[23]

Gestaltprägend ist ein in eine quadratische Kassette gegliedertes Stahldach, das auf acht Stahlstützen liegt und über die gläsernen Wände hinausragt.[24] So gestaltete Mies van der Rohe, inspiriert von Schinkels Altem Museum, konsequent eine Tempelarchitektur. Hierbei geht es vor allem um den Treppenaufstieg des Besuchers/ der Besucherin zum Museum, der dabei auf die Stadt zurückblicken kann. Die

---

[20] Ludwig Mies van der Rohe zitiert nach Naredi-Rainer/ Hilger (Hg.) 2004, S.198.
[21] Vgl. Naredi-Rainer/ Hilger (Hg.) 2004, S.198.
[22] Vgl. Ebenda, S.199.
[23] Vgl. Bloch 1994, S.288.; vgl. Naredi-Rainer/ Hilger (Hg.) 2004, S.27.
[24] Vgl. Naredi-Rainer/ Hilger (Hg.) 2004, S.199.

Rundumverglasung des Hauptgeschosses begünstigt diese Verbindung zwischen Innen und Außen bzw. dem Heiligen im Museum und dem Profanen in der Stadt.

Das Museum war sein letztes Monument, das seine Zielvorstellen einer klassischen Schönheit verwirklichen wollte, aber auch aufgrund seiner schwierigen musealen Nutzbarkeit und Ignoranz der Topographie kritisiert wurde.

2.3 Raumanordnung in der neuen Nationalgalerie in Berlin

Bei der Raumanordnung war es Mies van der Rohes Anliegen – im Gegensatz zu den früheren tempelartigen Museen – den/ die BetrachterIn nicht in ein ehrfürchtiges Verhältnis mit den Kunstwerken der Vergangenheit zu leiten, sondern eine lebendige Kommunikation zwischen Werk und BetrachterIn zu ermöglichen. Die Barrieren zwischen Kunstwerk und BetracherIn versuchte Mies van der Rohe einzureißen, indem die Tempelarchitektur aufgebrochen und durch ein offenes, stützenfreies Raumgefüge ersetzt wurde, um so einen lebendigen Kontakt zwischen Außenwelt und Museum zu erreichen (Abb.8). Dies wird besonders durch die Rundumverglasung im Sinne einer demokratischen Transparenz begünstigt.[25] Ganz nach dem Leitsatz *Less is More* bewirkt der aufgebrochene Raum aus der eingezwängten Raumzelle, ein völlig neues Raumerlebnis, das durch flexibles Wandinstallationssystem immer wieder neu angeordnet werden kann (siehe Abb.7). In dieser Offenheit zur Außenwelt findet eine gewisse räumliche Definition durch freistehende Skulpturen, Gemälde und Trennwende als Fixpunkte in den Wechselausstellungen statt.[26] Unerwarterweise sind die eigentlichen Kunstwerke nicht in dem Hauptraum des Tempels, sondern im Sockelgeschoss zu finden sowie die Verwaltungsräume, die Bibliothek und das Magazin. Dort liegen die eigentlichen, fließend ineinander gehenden Museumsräume"[27] (Abb.8). So steigt der/ die BesucherIn zu ihnen über eine Treppe hinab, wodurch die Idee eines sakralen Schatzes einen überraschenden Effekt auf den/ die BesucherIn hat.[28] Zum Westen hinaus öffnet sich das Sockelgeschoss und mündet in einen von Mauern umgebenen Skulpturengarten. Mies van der Rohe richtete den Außenbereich an einem geometrischen Grundraster aus.[29]

---

[25] Vgl. Naredi-Rainer/ Hilger (Hg.) 2004, S.173.
[26] Vgl. Bloch 1994, S.284.
[27] Naredi-Rainer/ Hilger (Hg.) 2004, S.199.
[28] Vgl. Parmentier 2007, S.59.
[29] Vgl. Ebenda.

Er vereint in der neuen Nationalgalerie zwei entgegengesetzte Ideen: Einmal das „avantgardistische Ideal eines unendlichen Raumkontinuums und die konstruktive Logik der tektonischen Form"[30]. Die tektonischen Formen zeigen sich hierbei durch eine Verdeutlichung konstruktiver Elemente und Strukturen.

3 Postmoderne Museumsarchitektur

Die Postmoderne war eine Bewegung, die nicht nur in der Architektur, sondern auch in der bildenden Kunst, der Literatur und sogar in gesellschaftlichen Entwicklungen bzw. zumindest in deren Theorien gesehen und diskutiert wurde. Nichtsdestotrotz hatte die Debatte in der Architektur Vorreitercharakter.[31]

3.1 Merkmale Postmoderner (Museums-)Architektur

Die postmoderne Architektur entstand Anfang der 1960er und ging bis Mitte der 1980er Jahre. Die Postmoderne als Stilrichtung der Architektur ist als eine kritische Gegenreaktion auf die Krise der Moderne mit ihrer funktionalisierten Alltagsarchitektur der Nachkriegszeit zu verstehen. [32] Das Unbehagen am Funktionalismus entstand demnach in einer Zeit in der die *Basic needs* erfüllt waren und nach einem „Mehr" gestrebt werden konnte. Der Begriff der „Postmodernen Architektur" bezeichnet heute im allgemeinen Sprachgebrauch eine elektizistische Architekturströmung, die folgende Merkmale aufweist: „Pluralität und Individualität, Einbindung in historische Zusammenhänge und Rückgriff auf traditionelle Stilelemente, Wiederkehr des Ornaments"[33]. Dabei wies sie einen spielerischen und ironischen Umgang mit historischen Bauformen und Typen (beispielsweise wurden klassische Elemente wie Säulen unkonventionell in modernen Materialen wie Stahl oder in bunten Farben genutzt) auf, der in einem Stilmix („Collage-Architektur") mündete. Obwohl die Postmoderne im Vergleich zur Moderne sich von Stilelementen und Ornamenten der Vergangenheit (z.B. gotisch, antik oder barock) inspirieren ließ, zitierte bzw. führte sie auch Elemente der Populärkultur ein, um einen neuen Historismus zu vermeiden.[34] Die Zitate der Stilelemente mussten dabei nicht zwangsläufig einen Zweck erfüllen, wodurch nur Verweise auf einzelne Motive, aber

---

[30] Naredi-Rainer/ Hilger (Hg.) 2004, S.199.
[31] Vgl. Böhme 2013, S.7.
[32] Vgl. Howarth 1997, S.221.
[33] Böhme 2013, S.7.
[34] Vgl. Baukunst-nrw 2020, www.baukunst-nrw.de/epoche/Moderne.htm.

nicht auf ganze Stile entstanden.[35] Darüber hinaus wurden klassische Elemente auch asymmetrisch oder ganz neuartig angeordnet.[36]

Die daraus entstandene freche, vielgestaltige, originelle und bunte Architektur war damit eine Reaktion auf die schlichte, puristische Architektur der Moderne, die nicht mehr den gesellschaftlichen Widersprüchen und Auflösungserscheinungen gerecht werden konnte.[37] Nichtsdestotrotz wurde die Architektur nicht radikal verabschiedet, sondern aufgenommen und auf eine andere Weise fortgeführt.[38] Die Postmoderne Museumsarchitektur ist damit grundlegend von der Auseinandersetzung mit der Moderne und ihren Traditionen bestimmt.[39] Auf gesellschaftlicher Ebene stellte sie dabei eine Einladung zur Erneuerung der Moderne dar. Dies mündete in den Versuch eine demokratische, kommunikative Architektursprache mit dem dazugehörigen architektonischen Gestaltungsvokabular zu etablieren, deren Ästhetik sich nicht allein an der Funktion, sondern auch an Bedeutungsinhalten orientieren sollte.[40]

Ein grundlegendes Merkmal der Postmodernen Architektur liegt demnach in ihrem architektonischen Gestaltungziel sich von einem als dogmatisch empfundenen Formalismus zu lösen und ihren Schwerpunkt zu einer mehrdeutigen und sinnlich erlebnisreichen Architektur zu verlagern. Gestalterische Mittel sind dabei oft Motive der Konsumgesellschaft oder klassizistischen Baufiguren gewesen. Da es keine einheitliche „Stillehre" für die postmoderne Architektur gab, wurde diese anhand der Ziele, der gesellschaftlichen Hintergründe, sowie der Beweggründe der Architekten und Protagonisten charakterisiert.[41]

Beispielhaft für die oben genannten Merkmale sind die Bauten des Wiener Architekten Hans Hollein. Mit Blick auf das wachsende Spektrum zeitgenössischer Museumsbauten, kann das Beispiel des „Städtischen Museums Abteiberg" in Mönchengladbach (1972-82) von Hans Hollein als wegweisend bezeichnet werden.[42]

---

[35] Vgl. Ehrlich 2015, S.13.
[36] Vgl. Wilkinson 2010, S.183.
[37] Vgl. Ebenda, S.180.
[38] Vgl. Böhme 2013, S.7.
[39] Vgl. Barthelmeß 1988, S.171.
[40] Vgl. Ehrlich 2015, S.13.
[41] Vgl. Ebenda, S.14-15.
[42] Vgl. Barthelmeß 1988, S.11-12.

3.2 Die Postmoderne Museumsarchitektur am Beispiel des Museums Abteiberg

Das Museum Abteiberg in Mönchengladbach wurde von 1976 bis 1982 gebaut. Hans Hollein baute das 40 000 m² große Museum in den Abteiberg an einer Ost-West-Achse hinein, um eine stadtbildmäßige Eingliederung zu ermöglichen (Abb.10). So bildete der mit Sandstein verkleidete Stahl- und Betonbau durch seine Dachflächen ein öffentliches Forum und damit einen integrierten Bestandteil städtischen Lebens. Verschiedenen Raumkomplexe wie der Verwaltungsturm, ein Pavillon als Eingang in die museale Unterwelt sowie eine Gruppe von quadratischer Ausstellungsräume, erschließen sich für den/die BesucherIn wie aus einem Guss.[43] Durch die Zergliederung in einzelne, funktional unterschiedliche Gebäudeeinheiten entstand eine Architekturlandschaft, die in die urbanen und topographischen Gegebenheiten eingegliedert wurde. Damit war das Museum Abteiberg die „erste konzipierte und erste realisierte ‚Architekturlandschaft' der Postmoderne"[44].

3.3 Raumanordnung im Abteiberg Mönchengladbach

Das Innere des Museums steht dieser äußeren Vielfalt in nichts nach. Effektvoll gestaltete, abwechslungsreiche und überraschende Raumkonstellationen und eine nicht gradlinige Raumführung, die eine" labyrinthische Unordnung" stiften, so Thil-Siling, lassen den/die BesucherIn durch unterschiedliche Raumlandschaften flanieren (Abb.11).[45] Die ausgestellten Exponate werden in funktionalen Schauräumen, intimen Kabinetten und einer großen Halle, die auch je nach Bedarf mit flexiblen Stellwänden bestückt werden kann, ausgestellt.[46] Nichtsdestotrotz beherzigt Hollein funktionale Bedürfnisse im Rahmen einer Psychologie des Museumsbaus wie die Funktionalisten: Er beschränkt „Illusionstricks" und „absichtsvoll eingesetzte Geschmacksbrüche"[47] auf die Publikumsräume im engeren Sinn wie auf Hörsäle, Audiovision und Cafeteria. Dabei bleiben die eigentlichen Ausstellungsräume klar (Abb.12). Alle anderen Zitate wurden gründlich verarbeitet, um nicht an einen Historismus zu erinnern.[48]

---

[43] Vgl. Flagge/ Schneider/ Klotz (Hg.) 2004, S.122.; Theil-Siling 2005, S.130.
[44] Ehrlich 1988, S.11.
[45] Thiel-Siling 2005, S.130.
[46] Vgl. Flagge/ Schneider/ Klotz (Hg.) 2004, S.122.
[47] Pehnt 1993, S.77.
[48] Vgl. Ebenda, S.81.

Die zehn mal zehn Meter quadratischen Ausstellungsräume sind in Dreier- und Vierergruppenräumen (kleeblattförmig) nochmals unterteilt und kreuzen sich (Abb.13). Der Abstieg zu den Ausstellungsräumen vom Eingangstempelchen ist nicht als gleichmäßig linearer Ablauf, sondern als dreidimensionale Matrix zu verstehen. Diese Matrix eröffnet vielfältige Raumüberschneidungen, Zugänge und Blickbeziehungen, die sich um den Südhang des Abteibergs erstrecken.[49] Die in der Höhe unterschiedlich versetzten Stockwerke (Abb.14) werden im Museum Abteiberg durch ein „Wechselspiel an konkav-amphitheatralisch und konvex-kegelförmig"[50] geordneten Stufen spielerisch überwunden (Abb.15). Die Durchgänge sind in den Raumecken der nach dem Kleeblattprinzip diagonal aneinandergefügten Ausstellungsräume zu finden und ermöglichen dem/der BetrachterIn einen diagonalen Blick durch die Museumsquadrate.[51] (Abb.16) Die kleeblattartig angelegten Ausstellungsräume weisen hier ebenfalls eine Symmetrie und Klarheit auf. Diese Erschließung der Räume stellt eine Alternative zum Prinzip der Enfilade und einen Vorteil ununterbrochener Hängeflächen dar.[52]

Neben den kleeblattartigen Ausstellungsräumen, lassen sich ebenfalls fließende Räume finden, die die Übergänge zu den anderen Stückwerken darstellen, erkennen (Abb.17).

Hans Hollein selbst beschreibt das Verhältnis von Raum und Kunst im Abteiberg Mönchengladbach wie folgt:

> „[...] Eine Dialektik zwischen dem Bauwerk, dem Raum und dem Kunstwerk ist angestrebt – nicht im Sinne einer Integration, sondern im Sinne einer Konfrontation, die das Potential der Objekte und des Raumes sichtbar und erlebbar werden lässt. Der Raum soll von einer komplexen Neutralität sein. Flexibilität soll nicht Beweglichkeit von Stellwänden und Decken bedeuten, sondern ein Angebot vielschichtiger Situationen, die für ein Kunstwerk entdeckt werden, auf die ein Kunstwerk antwortet. Das Bewegliche ist primär das Kunstwerk und der Mensch. Innerhalb von Architektur. Die Verantwortung des Architekten wird nicht auf den Kurator übertragen. Der Architekt schafft ein autonomes Kunstwerk – für Kunstwerke und Menschen."[53]

---

[49] Vgl. Thiel-Siling 2005, S.130.; vgl. Naredi-Rainer/ Hilger (Hg.) 2004, S.140.
[50] Pehnt 1993, S.61.
[51] Vgl. ebenda.
[52] Vgl. Naredi-Rainer/ Hilger (Hg.) 2004, S.140.
[53] Museum Abteiberg in Mönchengladbach 2020, https://museum-abteiberg.de/architektur/hans-hollein/hans-hollein/.

Aus dem Zitat geht die Zielsetzung Holleins hervor, die in einer vielschichtigen Architektur ein größeres Potenzial einer intensiveren Kommunikation zwischen BetrachterIn und Kunstwerk sieht. Demnach ist auch der Architekt dafür verantwortlich seinem Gebäude Leben einzuhauchen.

Manche Stimmen hatten befürchtet, dass die Kunst angesichts einer so ausgeprägten Architektur zur Nebensache wird. Andere sehen ihre Vermutung bestätigt, dass sie erst in diesem unverwechselbaren Ambiente ihre größte Wirkung zu entfalten vermag.[54]

4 Analyse und Interpretation der Raumentwicklung von der Modernen zur Postmodernen Museumsarchitektur

Das Verhältnis von Gebrauchsfunktion und Erscheinungsform in der Architektur, ist eins das sich ebenfalls auf die Raumsprache auswirkt. Dieses Problem wird in der Museumsarchitektur differenziert und stark diskutiert. Natürlich können hier zwei Extrempositionen auf einer Skala beschrieben werden, die bei der Analyse und Interpretation der empirischen Räume der beiden Museen behilflich sein werden. „Auf der einen Seite dominiert die Gebrauchsfunktion über die Erscheinungsform, auf der anderen Seite die Erscheinungsform über die Gebrauchsfunktion"[55].

Die neue Nationalgalerie in Berlin, die an einen modernen geometrischen Glastempel erinnert, beinhaltet auf beiden Ebenen (Haupt- und Sockelgeschoss) eine Raumanordnung, die eine eher dienende Rolle und einen eher strukturierenden Rahmen gegenüber dem ausgestellten Inhalt einnimmt. Auch wenn die sakrale Erscheinungsform des Museums einen imposanten Eindruck bei dem/ der BesucherIn erweckt, so weist das Äußere auf eine innere Stringenz und Logik hin, die weniger überrascht. Die Raumanordnung in der neuen Nationalgalerie empfängt den/ die BesucherIn in einem Raum angemessener Größe, der ebenfalls alles daran setzt seine Kunstwerke bestmöglich wirken zu lassen. Die Offenheit und der dadurch erzeugte Abgleich von außen und innen erinnert an ein Medium, das einer barrierefreien Kommunikation des/der BesucherIn mit der Kunst durch eine demokratische Transparenz dient. Die dort ausgestellten Kunstwerke definieren den Raum als Fixpunkte. Das offene Hauptgeschoss stellt damit eine Manifestation von einem architektonischen Raum schlechthin dar, der als eine geeignete Basis für eine Vielzahl

---

[54] Vgl. Flagge/ Schneider/ Klotz (Hg.) 2004, S.122.
[55] Parmentier 2007, S.66.

technischer Wandlungsmöglichkeiten dienen kann.[56] Mit dem Sockelgeschoss und Außenbereich, führte Mies van der Rohe, seine geometrische Strukturierung fort. Hier macht sich die Raumanordnung durch ihre stringente Ordnung unsichtbar und führt den/die BesucherIn, ohne dass dieser/diese es bemerkt.

Obwohl die Raumanordnung im Sockelgeschoss reichhaltiger an alternativen Wegen ist und mehrere Raumerschließungsmöglichkeiten bietet, determiniert hier die Architektur stärker als im Hauptgeschoss das Verhalten der BersucherInnen. Ohne bewusst zu realisieren, folgen die BesucherInnen, den vorgeschriebenen Wegen wodurch sensomotorische Gewohnheiten entstehen, die als Eindrücke verinnerlicht werden. Die Räume werden immer mittig einer Wand betreten und ermöglichen enfiladenartig einen Durchblick durch mehrere Ausstellungsräume. Damit kann der neuen Nationalgalerie in Berlin stärker eine Gebrauchsfunktion zugschrieben werden, die der Kunst dienlich sein soll, weil sie unbemerkt den Verhaltensstil des Publikums und auch seine in das Körpergedächtnis eingelagerten Erwartungen prägt.[57] Die architektonische Hülle der Galerie ist in ihrer Erscheinungsform und Zielsetzung nicht neutral, sondern ein Monument, das Mies van der Rohes Bemühungen nach einer reinen Wahrheit, Transparenz und vollkommenen Schönheit zeigt. Der Universalraum als ein ästhetischer Prototyp lässt durch die Rundumverglasung und die Möglichkeit des dynamischen Bewegens eine gewisse Orientierung zu, die im Untergeschoss und Skulpturenhof hingegen durch eine symmetrische und geometrische Raumanordnung gewährleistet wird. So können die BesucherInnen sich stärker auf die Kunst in einer klaren Raumanordnung konzentrieren.

Das Museum Abteiberg in Mönchengladbach ist im Vergleich zu der neuen Nationalgalerie in Berlin eher einer selbstbezüglichen Musemsarchitektur zu zuordnen, die wahrlich an einen Erlebnisort durch eine höhere Komplexität und vielfältige Überraschungseffekte erinnert. Hans Holleins Werk ist als eine individuelle Weiterführung eines dynamischen Raumes zu verstehen. Der dynamische und asymmetrische Gesamtraum funktioniert nicht wie gewohnt, er öffnet überraschende Gänge und Blickachsen, die als eine „komplexe Neutralität" zu verstehen sind. Damit zwingt er den/ die BersucherIn gewohnte Routinen zu durchbrechen - er/sie kann auch mal die Orientierung in den unterschiedlichen Raumsituationen im Museum Abteiberg

---

[56] Vgl. Naredi-Rainer/ Hilger (Hg.) 2004, S.173.
[57] Vgl. Parmentier 2007, S.76.

verlieren.[58] Wie in der Beschreibung der Raummatrix bereits deutlich wurde, öffnen sich die Räume über ihre Ecken, so dass eine ungestörte Wandabwicklung und Betrachtung der Kunstwerke möglich sind. Holleins Vorstellung von Flexibilität drückt sich demnach nicht in einer Beweglichkeit von Stellwänden und Decken aus, sondern in einem Angebot vielschichtiger Situationen, die man auf der Suche nach einem Kunstwerk entdeckt bzw. auf die ein Kunstwerk antwortet.[59] In diesem Prozess der Suche muss der/die BesucherIn einen Teil seiner Aufmerksamkeit der Architektur der Räume und der Raumanordnung widmen, um eine mögliche Gebrauchsanweisung bzw. Semantik in der Führung und Aufmerksamkeitslenkung zu entziffern.[60] Der Raum an sich wird dadurch auf vielfältige Weise thematisiert: unterschiedliche Architekturzitate in Form von Treppen und Säulen als vielfach variiertes und wiederkehrendes Gestaltungsmerkmal; halbgeschossig versetzte quadratische Ausstellungsräume; Raumdefinierung durch Zeichen; eine beschränkte Formensprache auf Material und Wandform.[61] (Abb.) Die Entzifferung der komplexen Raumanordnung ist damit sicherlich ein Bildungseffekt der Postmodernen Museumsarchitektur, die im Falle des Museums Abteiberg dennoch einfühlsam auf die Mönchengladbacher Sammlung zeitgenössischer Kunst eingeht und gleichzeitig jegliche Monotonie in der Besichtigung vermeidet.[62] Das Museum wird somit zu einem Erlebnisort, der eine Dreieckskommunikation zwischen BesucherIn, Kunstwerk und Architektur evoziert.

Kritisch kann an dieser Stelle angemerkt werden, dass diese architektonische Heterogenität, die sich bereits in der äußeren Erscheinungsform widerspiegelt, verselbstständigt und den Kunstwerken auch die Schau stehlen kann. Die eigentliche Funktion des Museums wird dann überladen.[63]

Hier zeigt sich die Entwicklung der Postmodernen Museumsarchitektur, die eine Autonomisierung des Raumes gegenüber der Tradition eingeleitet hat. Der Raum greift auf einen abstrakteren Grundanspruch zurück und entwickelt eine eigene Architektursprache.[64] Der Raum und die Raumanordnung spiegeln in ihrer

---

[58] Vgl. Barthelmeß 1988, S.20-21.; vgl. Parmentier 2007, S.76.
[59] Vgl. Barthelmeß 1988, S.21.
[60] Vgl. Parmentier 2007, S.77.
[61] Vgl. Barthelmeß 1988, S.58.
[62] Vgl. Naredi-Rainer/ Hilger (Hg.) 2004, S.140.
[63] Vgl. Parmentier 2007, S.77.; vgl. Naredi-Rainer/Hilger 2004, S.42.; vgl. Barthelmeß 1988, S.56.
[64] Vgl. Barthelmeß 1988, S.59.

zunehmenden Komplexität gleichzeitige Strömungen und Gegebenheiten wider, die eine Sichtweise auf das Verhältnis zwischen Architektur und ausgestellter Kunst ermöglichen. Nicht nur die Kunst selbst, sondern auch die Hülle für diese wird zu einem mehrdeutigen und sinnlichen Erlebnis. Inwiefern von einem Kunstwerk jedoch abgelenkt oder – ganz im Gegenteil – dessen Wirkung möglicherweise verstärkt wird, muss individuell diskutiert und entschieden werden. Prägend für die Art dieser Kommunikation ist die Zielsetzung des Architekten, die aufgrund einer fehlenden Stillehre in der Postmoderne dahingehend mehr im Vordergrund steht.[65]

5 Fazit

Am Beispiel der neuen Nationalgalerie in Berlin von Ludwig Mies van der Rohe lassen sich prägnante Merkmale der Modernen Museumsarchitektur wie der Leitsatz *Less is more* oder die Idee eines Universalraumes feststellen. So zeigt sich an dem ausgewählten Beispiel eine Offenheit und Flexibilität des Universalraumes, sowie die strikte und ausgewogene Raumanordnung im Sockelgeschoss, die eine dienende Funktion gegenüber der Kunst im Allgemeinen präsentieren. Die Raumanordnung ist demnach keinem besonderen Kunstwerk gewidmet. Sie stellt eher ein klassisches Modell einer Raumanordnung dar.

Bei dem Museum Abteiberg in Mönchengladbach verschreibt Hans Hollein seine Architektur einer komplexen und vielgestaltigen Raumanordnung. Hollein zeigt damit eine Erweiterung des Gedankens einer Kommunikation zwischen Kunst und BesucherIn, indem er bewusst einen dritten Kommunikationspart ins Spiel bringt: die Architektur. Ganz im Sinne der Postmoderne soll eine eigene kommunikative Architektursprache entworfen werden, die den/die BesucherIn den Ausstellungsraum sinnlich erfahren lässt. Plötzlich wird der Raum bewusst wahrgenommen, weil eine undogmatische Raumfolge und -anordnung folgen. In diesem Zusammenhang kann die Postmoderne Museumsarchitektur und ihre Raumanordnung als erlebnisorientiert betrachtet werden. Sie bietet eine komplexe Neutralität, die den Mehrwert der Museumsarchitektur und ihrem Ansehen als autonomes Kunstwerk, Nachdruck verliehen hat. Der ausgestellten Kunst wird demnach der größtmöglichste Platz an neutralen Wänden geboten, die in den Ecken einen diagonalen Durchgang ermöglichen. Nichtsdestotrotz erlebt der/die BesucherIn auf dem Weg bzw. auf der

---

[65] Vgl. Ehrlich 2015, S.14.

Suche zum nächsten Kunstwerk ein komplexes Angebot an Raumsituationen. Architektur könne in diesem Verständnis Behälter und Kunst zugleich sein. Sie bilden eine Art Symbiose, die neue Forschungsansätze zur innerlichen Kategorie Raum und Raumanordnung aufwerfen.

Die Ausgangsfragestellung wie sich das Raumerlebnis von der modernen zur postmodernen Museumsarchitektur verändert hat, lässt sich demnach vor dem Hintergrund eines geänderten Selbstverständnisses der Museumsarchitektur von der Moderne zur Postmoderne am Beispiel der ausgewählten Museen strukturell erläutern. Während die Moderne Museumsarchitektur eine deutliche Fokussierung auf die Funktionalität von Museen als (sakralen) Sammlungsort hatte, kann die der Postmoderne als eine weitaus größere Identifikation als eigenständiges Kunstwerk gesehen werden, das durch seine vielfältige und dynamische Raumanordnung den/die BesucherIn mit der ausgestellten sowie architektonischen Kunst konfrontiert und auch die nötige Flexibilität für vielfältige Raumnutzungen der musealen Objekte bietet.[66]

Nichtsdestotrotz soll an dieser Stelle noch einmal erwähnt werden, dass es sich bei dieser Arbeit nicht um einen allgemeingültigen Befund handelt, sondern eher eine Verdeutlichung des Entwicklungssprungs der Museumsarchitektur. Eine gewisser autonomer und flexiblerer Selbstanspruch führt hier zwangsläufig zu einer anderen Raumkonzeption, die ungewohnt und daher aufregender ist als bisher bekannte Museumserfahrungen. Dies verdeutlicht ebenfalls den Einfluss auf den Kunstrezeptionsprozess.

Für eine allumfassendere Analyse eines symbiotischen Zusammenwirkens müssen, wie eingangs erwähnt, ebenfalls weiter Kriterien wie Belichtung, Wegeführung, etc. miteinbezogen werden. Darüber hinaus wäre es für eine Vertiefung kein unerheblicher Ansatz mit den Mitteln der qualitativen Forschung BesucherInnen nach ihrem subjektiven Raumerlebnis zu befragen. Es wäre eine Möglichkeit sich der oft gestellten Frage in der Literatur anzunähern inwiefern die Postmoderne Museumsarchitektur von den eigentlich ausgestellten Kunstwerken ablenkt oder sie bestärkt. Hier könnte demnach interdisziplinär auch mit Erkenntnissen aus der Kinästhetik oder mit der Lernpsychologie, gar der Neurologie zusammengearbeitet werden, um die Bedeutung der Architektur für den Kunstgenuss zu erforschen.

---

[66] Vgl. Naredi-Rainer/ Hilger (Hg.) 2004; S.27-28.

6 Literaturverzeichnis

Barthelmeß, Stephan (1988): Das postmoderne Museum als Erscheinungsform von Architektur. Die Bauaufgabe des Museums im Spannungsfeld von Moderne und Postmoderne. München: tuduv-Verl. (Schriften aus dem Institut für Kunstgeschichte der Universität München, 26).

Baukunst-nrw: Moderne. Architektenkammer Nordrgein-Westfalen. Online verfügbar unter https://www.baukunst-nrw.de/epoche/Moderne.htm, zuletzt geprüft am 21.06.2020.

Bloch, Peter (Hg.) (1994): Berlins Museen. Geschichte und Zukunft. Unter Mitarbeit von Christoph Hölz. Zentralinstitut für Kunstgeschichte. München, Berlin: Dt. Kunstverl.

Böhme, Gernot (2013): Architektur und Atmosphäre. 2., korrigierte Auflage. München: Wilhelm Fink Verlag.

Doppler, Silke (2012): Die Funktion in der zeitgenössischen Museumsarchitektur. Ein Beitrag zur Diskussion über die Bauaufgabe Museum. Dissertation. Universität Wien, Wien. Philosophische Fakultät. Online verfügbar unter http://othes.univie.ac.at/18257/1/2012-01-30_0503567.pdf, zuletzt geprüft am 21.06.2020.

Flagge, Ingeborg; Schneider, Romana; Klotz, Heinrich (Hg.) (2004): Die Revision der Postmoderne. Anlässlich der Ausstellung "Die Revision der Postmoderne. In Memoriam Heinrich Klotz" vom 30. Oktober 2004 bis 6. Februar 2005 veranstaltet vom Deutschen Architektur Museum DAM, Dezernat für Kultur und Freizeit, Stadt Frankfurt am Main] = Post-modernism revisited. Ausstellung Die Revision der Postmoderne. In Memoriam Heinrich Klotz; Deutsches Architekturmuseum; Ausstellung "Die Revision der Postmoderne. In Memoriam Heinrich Klotz". Hamburg: Junius.

Howarth, Eva (1997): DuMont's Schnellkurs "Architektur". Von der griechischen Antike bis zur Postmoderne. 5. Auflage. Köln: DuMont (DuMont-Taschenbücher DuMont's Schnellkurs, 281).

Museum Abteiberg in Mönchengladbach (2020): Hans Hollein. Online verfügbar unter https://museum-abteiberg.de/architektur/hans-hollein/hans-hollein/, zuletzt aktualisiert am 21.06.2020.

Naredi-Rainer, Paul von; Hilger, Oliver (Hg.) (2004): Entwurfsatlas Museumsbau. Basel: Birkhäuser.

Parmentier, Michael (2007): Was die Hülle erzählt und was der Bau vorschreibt. Der Bildungssinn der Museumsarchitektur. In: Kristin Westphal und Nicole Hoffmann (Hg.): Orte des Lernens. Beiträge zu einer Pädagogik des Raumes. Weinheim: Juventa-Verl. (Koblenzer Schriften zur Pädagogik), S. 49–78.

Pehnt, Wolfgang; Hollein, Hans (1993): Hans Hollein, Museum in Mönchengladbach. Architektur als Collage. Orig.-Ausg., 15. - 16. Tsd. Frankfurt am Main: Fischer Taschenbuch Verl. (/Fischer-Taschenbücher] Kunststück, 3934).

Thiel-Siling, Sabine (Hg.) (2005): Architektur! Das 20. Jahrhundert. München: Prestel.

Westphal, Kristin; Hoffmann, Nicole (Hg.) (2007): Orte des Lernens. Beiträge zu einer Pädagogik des Raumes. Weinheim: Juventa-Verl. (Koblenzer Schriften zur Pädagogik).

Wilkinson, Philip (2013): 50 Schlüsselideen Architektur. Heidelberg: Springer Spektrum.

7 Abbildungen

Abb.1 Ansicht Haupteingang

Abb.2 Photocollage des oberirdischen Pavillons

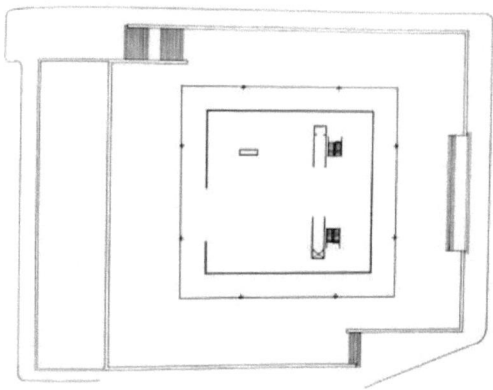

Grundriß Hauptgeschoß

Abb.3 Grundriss Hauptgeschoss

Abb.4 Blick von Westen auf Skulpturenhof, untere Galerieebene und Ausstellungshalle

Abb.5 Ausstellungsebene im Untergrschoss

Abb.6 Blick aus der Galerieebene zum Skulpturenhof

Abb.7 Halle für Wechselaustellungen mit dem von Mies entworfenen Wandinstallationssystem

Abb.8 Ausstellungshalle während der OMA-Ausstellung „Content", 2003/4

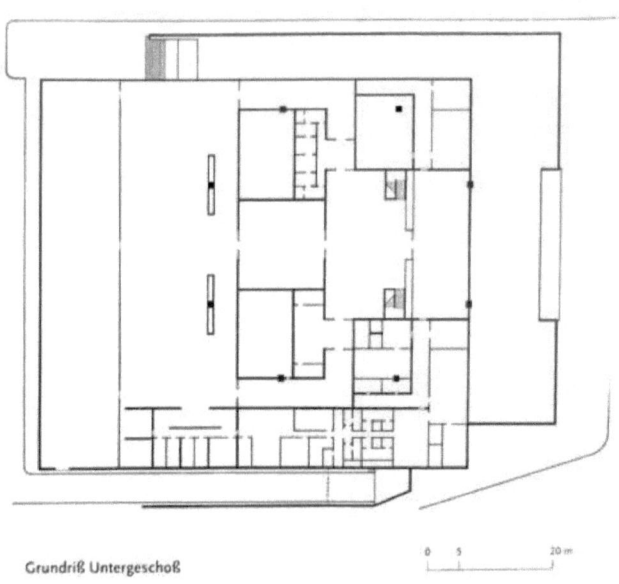

Grundriß Untergeschoß

0   5   20 m

Abb.9 Grundriss Untergeschoss

Abb.10 Ansicht vom Garten, Vordergrund das Eingangstempelchen

Abb.11 Blick von der Ausstellungsebene im oberen Hauptgeschoss in die halbgeschossig versetzten quadratischen Ausstellungsräume

Abb.12 Quadratische, diagonal miteinander verbundene Ausstellungsräume auf der untersten Ebene

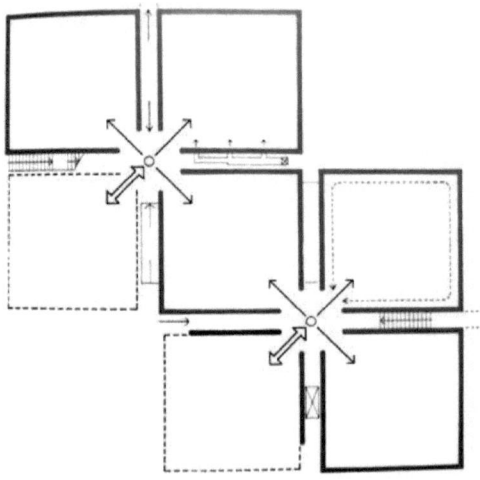

Abb.13 Erschließung der Ausstellungsräume

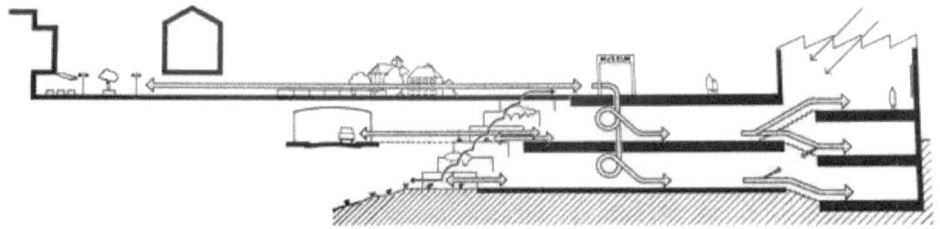

Abb.14 Wegführun (Schematischer Längsschnitt)

Abb.15 Treppen als vielfach, variiertes, immer wiederkehrendes Gestaltungselement

Abb.16 Quadratische, diagonal miteinander verbundene Ausstellungsräume auf der obersten Ebene

Abb.17 Fließender Ausstellungsraum im unteren Hauptgeschoss

8 Abbildungsverzeichnis

Abb.1	Naredi-Rainer/ Hilger (Hg.) 2004, S.198.
Abb.2	Naredi-Rainer/ Hilger (Hg.) 2004, S.198.
Abb.3	Naredi-Rainer/ Hilger (Hg.) 2004, S.199.
Abb.4	Bloch 1994, S.286.
Abb.5	Naredi-Rainer/ Hilger (Hg.) 2004, S.199
Abb.6	Bloch 1994, S.285.
Abb.7	Bloch 1994, S.290.
Abb.8	Naredi-Rainer/ Hilger (Hg.) 2004, S.199.
Abb.9	Naredi-Rainer/ Hilger (Hg.) 2004, S.199.
Abb.10	Naredi-Rainer/ Hilger (Hg.) 2004, S.138.
Abb.11	Naredi-Rainer/ Hilger (Hg.) 2004, S.140.
Abb.12	Naredi-Rainer/ Hilger (Hg.) 2004, S.140.
Abb.13	Naredi-Rainer/ Hilger (Hg.) 2004, S.141.
Abb.14	Naredi-Rainer/ Hilger (Hg.) 2004, S.141.
Abb.15	Naredi-Rainer/ Hilger (Hg.) 2004, S.141.
Abb.16	Naredi-Rainer/ Hilger (Hg.) 2004, S.140.
Abb.17	Naredi-Rainer/ Hilger (Hg.) 2004, S.141.